Ulrich Peters

# Das Märchen vom Lebensbaum

Inmitten eines alten Parks erhob sich ein Ginkgo, der alle anderen Bäume in seiner Umgebung an Größe überragte und Alter übertraf. Wie lange er schon dort stand, vermochte niemand in seiner Umgebung mehr so genau zu sagen. Es war, als sei er immer schon da gewesen. Selbst die älteren Bäume in seiner Nachbarschaft erinnerten sich, wie sie in ihrer Jugend staunend zu ihm aufgeschaut hatten. Es schien, als haben ihm die Stürme des Lebens nichts anhaben können. Andere Bäume waren sichtlich von den Einflüssen des Klimas gezeichnet und der Last ihrer Tage gebeugt, er aber wuchs allen Wettern und Witterungen zum Trotz kraftvoll und scheinbar unbekümmert weiter in die Welt und den Himmel hinein. Klirrende Kälte, sengende Hitze, selbst Kriege, Feuer und die zerstörerischen Wirkungen vernichtender Waffen hatte er überlebt.

Es war ein Geheimnis um ihn, und mancher rätselte auch über seine Fremdartigkeit. Er gehörte weder der Familie der Nadelhölzer noch derjenigen der Laubhölzer an. Sein Blattwerk unterschied sich von allen anderen. Er trug eigentlich keine Blätter, sondern fächerförmige kleine dreieckige Segel, die sich wie die Flügel eines seltenen samtgrünen Falters vom Stiel her bogenförmig öffneten und in ihrer Mitte tief eingeschnitten waren, so dass sie wie zwei Hälften eines Lebewesens erschienen – geteilt und doch eins.

So, wie er da stand, fest verwurzelt, aufrecht und ausladend, war er für seine Artgenossen längst mehr als ein Baum unter anderen. Voller Respekt flüsterte man hinter vorgehaltenen Blättern vom Baum des Lebens, der das Wissen und die Weisheit einer großen Geschichte bewahre. Andere nannten ihn den Weltenbaum und sahen in ihm ein lebendiges Denkmal für Widerstandskraft und gewachsenes Vertrauen ins Leben. Mancher meinte gar, es wohnten ihm heilende Kräfte inne.

Nicht weit von diesem Ginkgo entfernt, gab es einen anderen nicht mehr ganz jungen, aber eben auch noch nicht wirklich alten Baum, der mit seinem Leben haderte. Nicht, dass dies schon immer so gewesen

war. In seiner Jugend, erinnerte er sich, schien ihm die Welt zu gehören. Er hatte große Pläne. Aber je älter er ward, desto mühsamer und fragwürdiger wurde ihm sein Dasein. Zunächst schienen es äußere Einflüsse gewesen zu sein, die ihn daran hinderten, zu wachsen und sich zu entfalten. Mit der Zeit kam das, was ihn zu leben hemmte, indes zunehmend von innen und aus ihm selbst heraus. Was machte es schon aus, ob er sich nun entwickelte oder nicht?

Es hatte langsam begonnen, aber allmählich hatte er allen Lebensmut verloren, und wo ihn früher einmal Zuversicht erfüllte, durchströmte ihn nun Verzagtheit. Sinn, Selbstvertrauen und die Wertschätzung seiner selbst schienen ihm darüber abhanden gekommen, Angst und Leere an ihre Stelle getreten zu sein. Nach außen bemühte er sich zwar, sich nichts anmerken zu lassen. Aber das kostete zusätzliche Kraft, und so hatte sein Blattwerk unmerklich an Frische verloren und war fahler geworden.

Das bemerkte der Ginkgo, der die Veränderung seines Nachbarn schon seit einiger Zeit und nicht ohne Sorge verfolgt hatte. „Was ist mit dir?", fragte er vorsichtig seinen Nachbarn. „Du scheinst so trüb-sinnig und schwermütig, als ob alle Lebensfreude aus dir ausge-zogen sei." Den Baum traf die Beob-achtung des Ginkgo bis tief in sein Wurzel-werk. Er erschauerte und fuhr, angesichts der Überraschung, erkannt und auch durch-schaut worden zu sein, zusammen. Aber weil er auch spürte, dass sich der Ginkgo mit ehrlichem Interesse nach ihm erkundig-te, vertraute er sich in seiner Not dem Nach-barn an. Nachdem er ihm sein ganzes Elend geklagt hatte, schwieg er eine Weile. „Dan-ke", sagte er dann noch ein wenig kleinlaut. „Ich habe dich so sehr bewundert, dass ich es von mir aus niemals gewagt hätte, mich an dich zu wenden."

„Aber wieso das denn?" Jetzt war der Ginkgo überrascht. „Bei dir scheint alles so leicht und selbstverständlich. Du bist so stark ..."

„Wirklich stark ist nur, wer andere stark zu machen vermag", warf da der Ginkgo ein.

Der Baum jedoch redete weiter, als ob er das nicht gehört hätte: „Ich habe mich einfach geschämt und lieber im Schatten gehalten. Offen gestanden bin ich nicht wirklich stolz auf mich und das Wenige, was ich bislang erreicht habe: Ein ziemlich mittelmäßiger Baum eben, auf den es nicht weiter ankommt. Sieh dich zum Vergleich an. Wenn es dich nicht gäbe, fehlte diesem Park die Mitte, nach der wir anderen uns aus- und an der wir uns aufrichten. Aber ich ..."

„Aber du?", wiederholte der Ginkgo einladend.

„Ach, nichts", winkte der Baum ab und verfiel abermals in trostloses Schweigen.

Da begann der Ginkgo und erzählte seinem Nachbarn von der langen Geschichte seiner Art und Ahnen, die Jahrmillionen zurückreichte.

„Das klingt wie aus dem Reich der Märchen", seufzte der Baum.

„Aber es sind nicht nur Geschichten. Es ist Geschichte, angesammelte und verdichtete Lebenserfahrung", entgegnete darauf der

Ginkgo. Ihm helfe es jedenfalls in schweren Stunden, wenn er sich daran erinnere: „Niemand hat uns versprochen, dass das Leben einfach wird, und manches sieht von außen einfacher aus als es ist. Auch meine Familie und ich haben schwere Stunden und schwierige Zeiten erlebt, unzählig viele", berichtete er – und die Stille, die nach diesen Worten eintrat, hatte etwas Beunruhigendes und Bedrückendes. „Aber wir haben auch erfahren, dass es vor allem eine Frage der Einstellung ist, ob und wie wir unser Leben meistern. Meine Vorfahren haben nicht nur Krisen, sondern Katastrophen überstanden. Angenommen, wie sie nun einmal waren, haben sie diese Erfahrungen schon – aber

eben nicht als Schicksal begriffen, sondern auch die darin verborgenen Chancen erkannt und immer wieder den Mut gefunden, sich zu ändern und an die neue Situation anzupassen." Das sei für Bäume, die von Natur aus ihren eigenen festen Standpunkt haben, schon eine ganz besondere Leistung. Ohne diese innere Beweglichkeit könne Standfestigkeit nie von Dauer sein. „Sie haben einfach alles gegeben, um zu überleben. Aber sie gaben niemals auf. Was soll ich sagen? Die Stammesgeschichte meiner Art hat ihnen recht gegeben."

„Aber warum das Ganze? Warum um alles in der Welt müssen wir unbedingt wachsen?", wandte der Baum verzweifelt ein. „Es gibt so viele Widerstände – Wind, Wetter, Würmer, was weiß ich. Außerdem nehmen wir mit jedem Stück, das wir wachsen, anderen doch nur Platz und Lebensraum weg und vergeuden für unser kleines Leben Vorräte, die endlich sind und dann nicht mehr für alle zur Verfügung stehen. Was hat ein solches Dasein, das nur verbraucht, überhaupt für einen Sinn?"

„Der Sinn des Lebens ist das Leben selbst", antwortete der Ginkgo. „Wir sind auf der Erde, um zu wachsen, uns zu entfalten und auszuformen. So werden wir Stück um Stück mehr zu uns selber. Wer das Wachstum aufgibt, gibt letztlich sich selber auf. Widerstände machen uns dabei nur stärker, und

was wir an Wasser, Nährstoffen und Boden benötigen, ist nicht verbraucht. Wir verwandeln es durch unsere Existenz in neue Lebensmöglichkeiten für uns und alle. Manchmal braucht es sehr lange, bis es soweit ist und man diese Wirkung erkennen kann."

„Nämlich?", allmählich regte sich echte Neugier in dem Baum.

„Bis meine Art geschlechtsreif wird, vergehen Generationen. Wer seine Früchte ernten will, muss dies von einem Ginkgo tun, der zur Lebenszeit seiner Großeltern ausgesät oder gepflanzt wurde."

„Aber es kostet so viel Kraft. Mindestens, was mich betrifft, ist das ziemlich viel Einsatz für ein höchst überschaubares Ergebnis." Der Baum hatte viele Fragen, die er sich nun zu stellen traute – und er empfand das als sehr befreiend.

„Wem dient es, wenn du dich selber so klein machst? Wer soll zu dir stehen, wenn nicht du selbst? Du bist du, ein Baum im Park des Lebens – und so groß, wie du nun einmal bist", entgegnete der Ginkgo. „Wichtig ist, dass du mit dir selbst übereinstimmst, genau in dich hineinpasst und dem Leben eine Seele gibst. Deine eigene, täglich neu. Und was die erforderliche Anstrengung betrifft, klingt es wie ein Widerspruch, aber wir werden kraftvoller und stärker in dem Maß, in dem wir unsere Kraft an unser Wachstum verschwenden. Was wir uns ersparen, macht uns am Ende schwach und arm. Was wir aber einsetzen und zu wagen bereit sind, stärkt und bereichert uns."

Wie der Ginkgo so sprach, schien es dem Baum, als strömte ihm neues Leben zu und kämen Energien, die lange blockiert waren, wieder in Fluss. „Ist das die Heilkraft", flüsterte er dankbar, „von der man im Park sagt, dass sie euch Ginkgos innewohnt?" Wer dabei genau hinsah, bemerkte, wie sich der Baum innerlich aufrichtete und sein soeben noch fahles Laub im Licht der Sonne frisch und farbig neben dem Ginkgo aufleuchtete. „Was du Heilung nennst, geschieht in jedem selbst. Sie kommt von innen", erklärte der Ginkgo. „Von außen aber können Impulse kommen, die innere Kräfte mobilisieren. Deshalb ist es nicht gut, einsam zu sein. Wichtig ist, in Beziehung zu bleiben. So wie wir beide in diesem Moment. Es ist ein wenig so, wie es mein Fächerlaub bezeichnet: zwei und doch eins. Eigene Hälften eines Ganzen, die jede in ihre Richtung streben, sind im Grund des Lebens durch einen Stiel verbunden, der sie mit allem versorgt, was sie wirklich zum Dasein brauchen. Leben ist Beziehung, und Beziehung verbindet uns mit dem unerschöpflichen Ursprung allen Lebens."

„Ja", stimmte der Baum zu, und es klang fast ehrfürchtig, „Ich fühle mich durch unsere Begegnung stark und stärker und lebendiger sowie meiner Selbst gewiss werden – so als könnte mir nichts mehr niemals ernsthaft schaden."

„Das Wunderbare daran: Du brauchst keine Angst mehr zu haben. Wenn du sie vorbehaltlos und in vollem Maße nutzt, wirst du merken, dass diese Energien stets erneuerbar und die Quellen unserer Kraft unerschöpflich sind. Wir müssen nur den Zugang dazu finden und uns ihnen öffnen, dann durchströmt uns das Leben in seiner ganzen Fülle selber. Es gibt dafür viele Worte: Beziehung, Begegnung, Freundschaft, Liebe. Der

Sinn indes, der ihnen innewohnt, ist einer:
Dass wir einander den Zugang zu den Quel-
len des Daseins verschaffen."
„Freundschaft?", fragte da der Baum seinen
Nachbarn.

„Auf immer", antwortete der Ginkgo, und es ging ein zustimmendes Rauschen durch ihre Kronen, das wie ein raschelnder Applaus fürs Leben klang.

Ginkgos sind wohl alles andere als unbeschriebene Blätter. Das Geheimnis des Lebens ist ihrer Art schon ins Laubwerk eingeschrieben. Vielleicht werden sie deshalb auch Lebensbaum genannt.

**Zum Autor:**
**Ulrich Peters**, geb. 1959, ist Dipl.-Theologe, Vorstand, Verleger
und Publizist.

**Bildnachweis:**
kyonnta / Fotolia (Umschlag), jopelka / iStock (Umschlag, S. 1,
5, 10/11, 24/U3), Le Panda / shutterstock (U2, S. 1, 22/23,
24/U3), Jasmina007 / iStock (S. 1, 3, 8/9, 14/15, 19–21, 24/
U3), AtsuoKomori / iStock (S. 2/3), caoyu36 / iStock (S. 4/5,
10/11, 12/13, 16–18), ooyoo / iStock (S. 6/7), venvavoirab
/ iStock (S. 9), fotolinchen / iStock (S. 22/23). Ginkgografik:
honoka-illust / iStock.

ISBN 978-3-86917-891-2
© 2021 Verlag am Eschbach
Verlagsgruppe Patmos in der Schwabenverlag AG, Ostfildern
Im Alten Rathaus/Hauptstraße 37
D-79427 Eschbach/Markgräflerland
Alle Rechte vorbehalten.

**www.verlag-am-eschbach.de**

Gestaltung und Satz: Angelika Kraut, Verlag am Eschbach
Kalligrafie: Ulli Wunsch, Wehr
Herstellung: Neue Süddeutsche Verlagsdruckerei GmbH, Ulm
Hergestellt in Deutschland

Dieser Baum steht für umweltschonende
Ressourcenverwendung, individuelle Handarbeit
und sorgfältige Herstellung.